しゃくをかしてくれ

ふみきり

ふみきりの霊

霊船

髪の毛

ないでください

ンドルにさわらないでください

新幹線

夜道

電車

タクシー

ミク

ラー

JN173490

みたい！しりたい！しらべたい！
日本の都市伝説絵図鑑

③ 乗りものと都市伝説

監修 **常光 徹**　絵 **中谷 靖彦**

ミネルヴァ書房

乗りものの怪異と伝承

常光 徹

車社会の怪談
―消えた乗客―

　現代社会は、車なくしては成りたちません。車はきわめて便利な移動の手段として、人びとの日常生活と深く結びついています。しかしそれは、一歩誤れば、たちまち〈走る凶器〉と化して、わたしたちの身辺を脅かす危険な存在でもあります。毎日のように報道される交通事故のむこう側で、取りかえしのつかない悲劇が発生しているのです。車に関する怪談がなまなましい想像力をかきたてながら語られるのは、事故という現実が背後に横たわっているからでしょう。
　車にまつわる都市伝説はじつに多様ですが、なかでも「消えた乗客」と呼ばれる話（→8～9ページ）は代表的なものといってよ

いでしょう。タクシーにのせた女性が、目的地に着くと消えていたという内容で、全国的に分布しています。車にのせた女性が本当に消えてしまったという体験談として話される場合も少なくありません。いかにもありそうなできごとですが、実際には、登場人物や場所など身近で具体的な状況を入れ替えながら、まことしやかに話されているのでしょう。事件は多くの場合、夕方から夜間に発生しますが、道端に立って車をとめるのはきまって女性、それも若い女性です。女性と幽霊は深く重なりながら、わたしたちのイメージのなかに存在しているようです。

車に人をのせて走るという職業柄、タクシーの運転手はこの怪談にはうってつけの役といってよいでしょう。事実を装った都市伝説という面からみれば「プロの運転手さんが体験した」という言い方は、不思議なできごとを現実の側に引きよせながら、話のもっともらしさを獲得していく効果的な演出ともいえます。

さて、目的地まで着いたところで「お客さん、着きましたよ」といって、ふり返った瞬間ふるえあがります。話によっては、移動の途中でのぞいたバックミラーに乗客の姿がなかったなどともいいます。後部座席をみると、

▲幽霊をえがいた絵画は、江戸時代中期から近代にかけて普及した。民俗的他界観や信仰などが大きく影響しており、近世・近代の宗教観を探求する上の重要な資料とされている。
『幽霊図』（国立歴史民俗博物館所蔵）

女性のすわっていたところがぬれていたというのもよくあるケースです。ぬれた座席は、たったいままで、そこに何者かがいたことの証ですが、この発想はどこから生まれてくるのでしょうか。ひとつは、女性が雨にぬれながら手をあげていたと語る例で、常識的に座席がぬれていたというのも理解できます。もうひとつは、事故などのために川や井戸で命を失った女性が、幽霊に姿を変えて車をとめるという場合です。どうも、ぬれていた座席の背後には、水の世界に身を沈めた女性の悲劇が見え隠れしているように思われます。しばしば、橋のたもとで女性が手をあげるのも、こうしたことと関係があるのかもしれません。

自動車ではなく、高知県では自転車にのせた女性が消えてしまった話もあります。昭和30年ごろのことだそうです。また、沖縄県や青森県からは、明治のころの話として人力車にのった女性が消えた話が記録されています。

移動中や目的地に着いたところで女性が消えるのではなく、運転手を待たせておいて、お金を取りに家に入ったまま姿をくらましてしまう例もあります。しびれを切らした運転手が家をたずねると「さっきの娘のお通夜だった」などといいます。あるいは、運転手の話をきいた娘の親が、死んだ娘が家に帰ってきたのにちがいないといって、タクシーの料金をはらうケースもあります。車にのせた乗客が消える話の分布は国際的で、カナダ・アメリカ・ドイツ・韓国などからも報告があります。

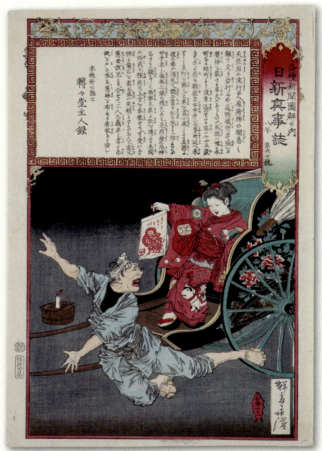

▲明治時代の錦絵。14、5歳の娘を人力車にのせ、途中で車夫が灯りをつけようとしたわずかの隙に娘が消えてしまった。娘は厄神（病気や災難をもたらす神）にちがいないという目撃談がえがかれている。車にのせた若い女性（幽霊）が途中で姿を消すというモチーフは現在でも確認できる。
錦絵『日新真事誌　疱瘡神の化身』（国立歴史民俗博物館所蔵）

◀股のぞき

海の怪異
―船幽霊と股のぞき―

船幽霊（幽霊船・亡霊船）は、海で非業の死をとげた者の魂が姿を変えてあらわれたもので、仲間をふやすため、いろいろな手をつかって船人をかどわかし海中に引きこもうとするのだといいます。海で怪異現象に遭遇したり、怪しい船にであったときにはどうすればよいか、その対処をしめす呪術的な方法が各地に伝承されています。

山口県周防大島出身の民俗学者、宮本常一は、島の沖で幽霊船に遭遇したという老漁師の体験談を、近所の若い船のりに話したところ、すぐに幽霊船の見わけ方について教えてくれたといいます。「これは怪しいと思う船を見たら、股の間から逆見をするのだそうである。逆見をしてあたり前だったら幽霊船ではない。逆見をして、船が海面をはなれて、少し高く走っているのを認める時はすなわち幽霊船である」と紹介しています（「周防大島（2）」『旅と伝説 第3年2号』三元社、1930年）。逆見とは股のぞきのことです。股のぞきをしてみると、相手の船がまともな船か、あるいは幽霊船なのかがわかるといわれており、同様のいい伝えは長崎県五島や鹿児島県徳之島などにもあります。

股のぞきは、自分の股の間から顔をだして逆さまにものをみることですが、このしぐさからみると、船幽霊に限らず怪しい相手の正体をみやぶることができると信じられてきました。

昭和のはじめころ、長野県埴科郡坂城町の小学校で大入道がでるといううわさがたちました。それがでた場合には、股かがみ（股のぞき）をしてみろ、そうしないと大入道がだんだん大きくなって取って食われると恐れられたそうです。大入道は狸が化けたものだといわれました（『長野県史　民俗編　第四巻（三）北信地方　ことばと伝承』社団法人長野県史刊行会、1986年）。妖怪は正体がわかってしまうと、人間をだます力を失うのです。

　股のぞきのしぐさの特徴は、対象に尻をむけた格好で、つまり相手を無視しながら、それでいて相手の様子をうかがう姿勢です。上半身と下半身のむきが逆で、頭は下にさげて後ろをみているが足は前をむいて立っているという、上下と前後があべこべの関係を同時にあらわした形です。境界的な性格をおびたこのしぐさが、妖怪の正体を見抜く呪力の背景にあるように思います。

　船幽霊を退散させる方法は、股のぞき以外にもいろいろあります。三重県志摩では、六文銭の穴からのぞけば亡霊船かどうかがわかるといい、愛媛県八幡浜市では、1月11日に、縄でつくったユグチという船でつかう道具の輪を通してみると、船幽霊の正体がわかると伝えています。福島県には、草履の編み目からみると、よくみえるとの伝承もあります。物の穴や隙間などからのぞきみるのも、相手の正体をしる手段のひとつです。ほかにも、船に備えつけてあるかまどの灰をまくと効果があるといわれています。

◀『伊勢四日市諏訪神社祭礼之絵図』にえがかれた妖怪「大入道*」。三重県四日市市で毎年10月におこなわれる諏訪神社の四日市祭は、大入道のからくり人形をのせた山車でしられている。
（国立歴史民俗博物館所蔵）

＊四日市祭では「大入道」は「大入道」とよばれている。

もくじ

乗りものの怪異と伝承　常光 徹	2
車・自転車と道路にまつわる話	8
トンネルにまつわる話	14
電車・新幹線とふみきりにまつわる話	18
船と海にまつわる話	22
コラム　トンネルに怪談が多い理由	16
コラム　外国の都市伝説（乗りもの編）	28
全巻さくいん	30

図鑑の見方

この本では、乗りものの怪異と都市伝説について紹介しています。

見出し
都市伝説がおこった場所などをしめしています。

都市伝説
さまざまな場所でおこったこわい話や不思議な話を紹介しています。

イラスト
それぞれの話のイメージを絵であらわしています。

コラムページ
よりくわしい内容や関連する事がらを紹介しています。

車・自転車と道路にまつわる話

車や自転車は、一歩まちがえば死んでしまう危険もある乗りものです。夜中にひとりで道路を走っているときにおきたこわい話も多くあります。

ある雨の日の真夜中、タクシーの運転手がもうそろそろ帰ろうと思い、営業所へむかって走っていた。そのとき、ほかに人のいない橋のたもとで、こちらに手をあげている女の人をみつけた。最後の客にしようと思った運転手は、女の人をのせ、行き先をきいて走りだした。目的地に着いて、
「お客さん、着きましたよ」
といって、後ろをふりむくと、なんと女の人がいない。もちろん、そこに着くまでに女の人がおりた気配はまったくなかった。おどろいた運転手が後ろの座席を調べると、女の人がすわっていた部分だけがびっしょりとぬれていたという。

夜道を車で走っていたら、女の人が立っていたのでのせてあげた。走りはじめてふとバックミラーをみると、女の人がうつっていない。ぎょっとすると、後ろから髪の毛がのびてきて、首にまきついてきたという。

あ る日の深夜、タクシーの運転手が空車のまま走っていると、墓地のそばの道で若い女の人が手をあげている。行き先をきくと、かなり遠くまでいくようだ。走りだし、ふとバックミラーをみると、客席の女の人の姿がうつっていない。左右をみるようなふりをして横目でそっとうかがうと、客席にはちゃんと女の人がすわっている。しかし、もう一度バックミラーをみるとやはりうつっていない。運転手は、墓地の近くで幽霊をのせてしまったかとおびえながらも走りつづけた。

目的地に着くと、女の人は、
「お金がたりないので持ってきます。ちょっと待っていてください」
といって、家に入っていった。しかし、いくら待ってもでてこない。運転手はしかたなく、その家のチャイムをならし、でてきた人にわけを話した。するとその人はおどろき、家にあがってくれという。話をきくと、娘が数日前になくなり、この日の昼にお墓に埋葬してきたところだという。見た目の特徴や服から、娘にちがいないとのことだった。

若い女の人が高級車を運転しているとき、事故にあって死んでしまった。その車は修理され、中古車として売りにだされた。事故のこともあり、高級車なのにおどろくほど安い値段で売られていたので、その車に興味を持つ人は多かった。しかし、誰かが車の運転席へすわってみると、後ろの席から若い女の人の声で、
「そこはわたしの席ですから、すわらないでください」
「ハンドルにさわらないでください」
ときこえてくる。とうとう、誰もその車を買わなかったという。

ある場所でひきにげ事故があり、ひかれた男の人は死んでしまった。それからというもの、タクシーにのってその場所を通りかかると、いきなりまどに男の人の顔がへばりついて車内をのぞきこみ、
「こいつじゃない、こいつじゃない」
とわめくという。ひきにげしたのは若い男だったといううわさだ。

山のほうへ行くとちゅう、バンバンと車をたたくような音がした。枝がぶつかったのかと思って、そのまま走ったが、あとで車の屋根をみたら赤い手形がついていて、いくら洗っても取れなかった。とうとう車の色を赤にぬりかえ、売ってしまった。

　ある夜、男の人がひとりで山道を運転していたら、急にブレーキがきかなくなってしまった。バックミラーをみると、後ろの座席にしらない女の人がすわっている。そうこうしているうちに、道はくだり坂になり、車はどんどん加速していく。あせって何回もブレーキをふみこんだら、あるひょうしにブレーキがきくようになり、車はキキーッと大きな音をたててとまった。みると、車はもう少しでがけから落ちるところだった。ほっとしていると、後ろの女の人がひとこと、
　「おまえなんか死んでしまえばよかったのに」
　といって、スーッと消えたという。

ある湖ぞいの道で、暗くなってから1台だけで車を走らせると、後ろからサイドミラーのこわれた赤い車がついてくる。その車は自分の車をおいぬいていくのだが、そのときにチラッとみると、なんと運転席に誰ものっていないのだという。おいぬかれたあとに赤い車のあとをついていくと、通行どめの道に入りこんでしまい、その車に追突してしまうという。

雨あがりの深夜、男の人が坂を自転車でのぼっていると、急にペダルが重くなった。変に思ってふりかえったが、とくに変わったことはない。また少しのぼっていくと、ふたたびペダルが重くなった。もう一度ふりかえると、ザンバラ髪の女の人が自転車の荷台を引っぱっていた。

トンネルにまつわる話

暗くて長いトンネルのなかでは、幽霊がでたり、きこえるはずのない声がきこえるといったこわい話が多くあります。

あるトンネルの入口に、夜になると、まっ白いワンピースを着た女性の幽霊が立ち、手でおいでおいでのしぐさをする。それをみた運転手は、ふるえあがって運転できなくなってしまったり、事故をおこしてしまったりするという。

友だちどうし数人でドライブにでかけたときのこと。トンネルのなかを走っていたとき、対向車がすれちがいざまにププッとクラクションをならした。自分の車のライトがおかしいのかと思って確認したが、とくに異常はないようだったので、そのまま走りつづけた。

ところが、すれちがう対向車がみんな、クラクションをならしたりライトをチカチカさせたり手をふったりと、なにかしら合図を送ってくる。そのうえ、後ろの車までクラクションをならしてくる。とうとう車をとめて車体をみまわしたが、やはりなんともない。後ろの車も自分の車につづいてとまって

長いトンネルのなかに入ると、電波がとどかずに、それまで流れていた車のラジオがとぎれてしまうことがある。あるトンネルでは、入ったとたんにラジオからの音がザーッという雑音に変わる。そして、どこかに行くとちゅうのときは、その音のなかから
「気をつけていってらっしゃい」
という女の人の声がきこえる。
しかし、帰るときには、
「死ねばよかったのに」
ときこえるという。

白い車が、トンネルのなかを走ると、三輪車にのった子どもがあらわれて、ものすごいスピードでおいかけてくる。トンネルを歩いていて白い車にはねられて死んだ子どもの幽霊だという。

いたので、その運転手に、
「さっきからみんながなにか教えてくれるんですけど、どうかなっているんですか」
ときいてみた。するとその人は、
「あなたの車の屋根に男の人がはりついてのっているので、あぶないからやめさせようと思っていたんですが……車がとまったら、消えてしまいました」
と青ざめた顔で教えてくれた。

15

トンネルに怪談が多い理由

危険をともなうトンネル工事

　幽霊がでる、おそろしいことがおこるなど、怪しいうわさのある心霊スポットは全国各地にあります。なかでも、有名な心霊スポットとして数多くあげられる場所のひとつがトンネルです。なぜトンネルにはおそろしいうわさが多いのでしょうか。

　トンネルは、まっすぐで走りやすい道路や線路をつくるためや、より短い距離で目的地どうしを結ぶためにつくられます。つまり、道路や線路をつくりたいところに山や海がある場合に、そこの地面をほってつくられるのです。ほっていると、かたい岩などにぶつかることもあります。そのようなときには、ダイナマイトなどを爆発させてそこをこわします。ほっているときに、上から大量の土砂や岩がくずれてくる危険もあります。トンネル工事は、非常に危険な事故につながることもある、死ととなりあわせの大変な事業なのです。

　各地にあるトンネルのなかには、工事中に人の命が失われてしまったものもあります。そのため、トンネルには工事で死んだ人の幽霊がでる、その人の怨念が悪さをするなどのうわさが立ちやすいと考えられます。

つらく苦しい強制労働

　現代のように技術が発達する前は、人がツルハシでほりすすめてトンネルをつくっていたため、大変な時間と労力がかかりました。いまのように労働に関する法律がしっかりと整備されていなかった時代、犯罪をおかした受刑者やまずしい人びとなど、社会的に立場が弱い人たちを集めて、強制的につらく危険な労働をさせることがありました。その人たちはそまつな小屋でねとまりし、朝はやくから夜おそくまで、休みなくはたらかされました。あまりの過酷な労働に命を落とす人もいました。逃げだそうとしてつかまり、みせしめのために暴行され、死んでしまう人もいました。このような歴史があったからか、いまでも残っている古い時代のトンネルには、おそろしい都市伝説がうわさされていることが多いようです。

おそろしい習慣

　自然は美しく大切なものですが、ときに大きな災害をもたらすなどおそろしい面も持ちます。それは現代の技術でもある程度しかふせげないものですが、昔の人びとは現代以上に自然に対して無力でした。

　古来から日本人は、身のまわりのあらゆるものに神さまがやどると考える文化を持っています。山や海、川など、自然にもそれぞれをつかさどる神さまがいます。日本人は、自然がもたらすめぐみは神さまからのいただきもの、自然がもたらす災害は神さまのいかりだと考えました。いかりをしずめるため、人びとはさまざまなささげものをしました。いかりが大きかった場合は、人の命をさしだしてゆるしてもらおうとしました。それが人柱です。トンネル工事は、山に穴をあける行為です。山の神さまのいかりをおそれた人びとは、トンネルにも人柱を立てたといわれています。

　実際、古い鉄道トンネルでは、地震でかべの一部がこわれて改修工事がおこなわれたとき、立ったままの姿勢の人間の骨が発見されたといううわさもあります。

身近にある山にも山の神さまは存在しており、人間に山の幸というめぐみをもたらしたり、土砂くずれなどの災害をもたらしたりすると考えられている。とくに富士山は、古くから神さまがやどる山とされている。

電車・新幹線とふみきりにまつわる話

日本は、時間の正確さと安心・安全な運行を世界にほこる鉄道大国です。いっぽうで、電車や新幹線、ふみきり事故にまつわるこわい話も数多くあります。

男の人が、よく利用する電車にのっていたとき、ふと、おなじ車両にとてもきれいな女の人がのっているのに気づいた。それから少し気にしてみていると、その人はいつもおなじ車両のおなじ場所にすわっている。その電車にのるたび、女の人がどこでおりるのだろうと気にしてはいるのだが、いつも少し油断しているすきに、姿がみえなくなってしまう。

何回もおなじことがつづくので、ある日、姿を消した女の人がすわっていたところにいってみると、その場所がぐっしょりとぬれていた。その女性が姿を消すあたりには、線路工事のときにとりこわされたお墓があったという。

郵便はがき

607-8790

（受　取　人）
京都市山科区
　　日ノ岡堤谷町１番地

ミネルヴァ書房

読者アンケート係 行

◆　以下のアンケートにお答え下さい。

お求めの
　書店名＿＿＿＿＿＿＿＿＿＿＿市区町村＿＿＿＿＿＿＿＿＿＿＿＿＿＿＿書店

＊　この本をどのようにしてお知りになりましたか？　以下の中から選び、3つまで○をお付け下さい。

　　A.広告（　　　　）を見て　B.店頭で見て　C.知人・友人の薦め
　　D.著者ファン　　E.図書館で借りて　　F.教科書として
　　G.ミネルヴァ書房図書目録　　　　H.ミネルヴァ通信
　　I.書評（　　　　）をみて　J.講演会など　K.テレビ・ラジオ
　　L.出版ダイジェスト　M.これから出る本　N.他の本を読んで
　　O.DM　P.ホームページ（　　　　　　　　　　　）をみて
　　Q.書店の案内で　R.その他（　　　　　　　　　　　　　）

書名 お買上の本のタイトルをご記入下さい。

◆上記の本に関するご感想、またはご意見・ご希望などをお書き下さい。
文章を採用させていただいた方には図書カードを贈呈いたします。

◆よく読む分野（ご専門）について、３つまで○をお付け下さい。
　1. 哲学・思想　　2. 世界史　　3. 日本史　　4. 政治・法律
　5. 経済　　6. 経営　　7. 心理　　8. 教育　　9. 保育　　10. 社会福祉
　11. 社会　　12. 自然科学　　13. 文学・言語　　14. 評論・評伝
　15. 児童書　　16. 資格・実用　　17. その他（　　　　　　　　　）

〒　ご住所		
	Tel　（　　　）	
ふりがな　お名前	年齢　　　　性別　歳　男・女	
ご職業・学校名（所属・専門）		
Ｅメール		

ミネルヴァ書房ホームページ　http://www.minervashobo.co.jp/
＊新刊案内（ＤＭ）不要の方は × を付けて下さい。　　□

心霊スポットとして有名な、古い鉄道トンネルがある。そのトンネルの出口にある駅では、けが人や病人、ノイローゼになる人、電車への飛びこみ自殺をする人などが続出し、鉄道職員の誰もがその駅につとめることをいやがった。うわさによると、そのトンネルをつくるときに多くの労働者が死んでしまったため、そのたたりでさまざまな不幸がおとずれるのだという。

最終の新幹線で、きまった時刻になると、おなじ車両のおなじ席に、男の幽霊があらわれる。車掌が近づくと消えてしまう。

ふ 　たごのうちのひとりがおつかいにでかけた。その男の子の家から店までの間にはふみきりがあるのだが、とても小さなもので、すぐにわたれてしまう。いそいでいた男の子は、ふみきりがしまっていたのに無視してわたってしまった。そして、ちょうどきた電車にひかれて死んでしまった。
　それからしばらくたって、ふたごのうちのもうひとりの男の子も、おなじふみきりで事故にあって死んでしまった。それからというもの、このふみきりではひんぱんに人がなくなる事故がおこった。近所では、ふたごの霊が引きこんでいるのだといううわさが広まった。そこでこの場所に供養塔をたてたところ、このふみきりでの事故はほとんどなくなったそうだ。

あ 　る日の夕方、男の人が山のふもとにあるふみきりを歩いていると、少しはなれたベンチにすわっている女の人に手まねきされた。あたりにはうすく霧がたちこめている。なんだろうと思い、男の人はそちらへ歩いていった。そのときとつぜん、後ろからかたを思いきりたたかれた。おどろいた男の人ははっとしてまわりをみまわすと、そこにこわい顔をした駅員が立っており、すぐ近くには電車がとまっていることに気づいた。あらためてみると、霧などでておらず、自分は線路のまんなかに立っていた。その女性の服は、数日前にそこで飛びこみ自殺をした人によく似ていたという。

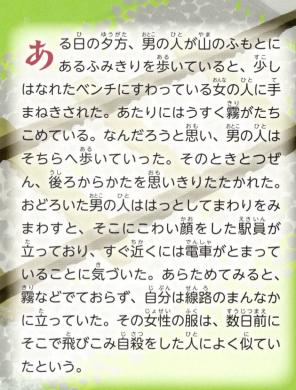

あ る日、消防署に、「○○のふみきりで人が電車にひかれた」という通報があった。救急車がいそいで現場にかけつけたが、なにもおこっていない。あたりをひととおり調べたが、やはりなにもないので、先ほどの通報はいたずらだろうと思い、帰ろうとした。そのとき、救急隊員たちの目の前で、ちょうどやってきた電車に飛びこんだ人がいた。すぐにその人を救急車で運んだところ、命は無事助かった。電話をした人を調べてみると、その人は3日前に死んでいたという。

船と海にまつわる話

海には、幽霊船や命を落とした漁師の霊がでたといういい伝えも多く、信心深い船のりの間に伝わるおそろしい話もあります。

雨の日や霧のでている日などには、船幽霊がでるという。幽霊船が近づいてくる、海の底からフワーッとうきあがってくるなど、あらわれかたはさまざまで、

「ひしゃくをかしてくれ」

とたのまれる。いわれるままにかしてしまうと、そのひしゃくで船のなかにどんどん海水を入れられ、船がしずんでしまう。船幽霊は、海でおぼれて死んでしまった人の魂で、生きている人間を海のなかへ引きずりこもうとしているそうだ。船幽霊にあったとき、船のりは、ひしゃくの底をぬいてからかすものだという。

季節はずれの台風にあい、しずんでしまった漁船があった。その乗組員たちも、生存者はおろか死体すら発見されなかった。そのつぎの年、おなじ町の漁船が強風をさけて港にとまっていたとき、前の年にしずんだはずの漁船が、にぎやかな歌声とともに港に入り、こちらの漁船に近づいてきた。誰かが、

「幽霊船だから気をつけるように」

と忠告した。しかし、こちらの乗組員のひとりが「やあ、みんな助かっていたのか。いままでどこに避難していたんだ」

といいながら、入ってきた漁船にのりうつった。するとその瞬間、船はかき消すようにみえなくなり、のりうつった人は海に落ちて、死んでしまったという。

船のなかには、航海の安全を守ってくれる「船霊さま」という神さまをまつる風習がある。ある日、漁師が海にでたあとにあらしになり、夜になっても帰ってこなかった。

漁師の妻が夫を心配しながらうとうとしていると、ふしぎな夢をみた。白い着物を着た女の人が、夫の船から海のなかへとおりていくのだ。つぎの日の朝、浜辺へでてみると、こわれた夫の船が打ちあげられていた。妻のみた夢は、船霊さまが船からおりたことをしめしているのだろうといわれた。

お盆の期間は、漁をしてはいけないといわれる。しかし、そのいい伝えは迷信だといって気にせず、お盆である8月15日の夜に、サバをとりに4人で沖にでた人がいた。サバはとてもよくとれたのだが、そのうち、海面に人間の首がうかんできて、笑ったりころがったりするのがみえた。4人は気味悪がって、大急ぎで逃げかえった。

陸にあがってとれたサバをみてみると、それはみんなゴミだった。やがて4人はひとり、またひとりとおかしくなっていき、そのうちみんな死んでしまったという。

ある漁師が、なかなか魚がとれずに帰りがおそくなったことがあった。もう少しで船着き場というところで、急に船がかたむいた。おどろいてそちらをみると、全身がぐっしょりとぬれた男の人が、船のへりに手をかけて、
「○○はいないか」
ときく。そうこうしているうちに、船はどんどんかたむいていく。漁師はとっさに、男の人にむかって節分の豆を投げた。節分の豆まきにつかう豆は、悪いものを追いはらう力があると信じられていて、この地方では海にでるときに持っていく風習があったのだ。男の人はスーッと消えた。あとで人にきくと、○○というのは、昔そのあたりで旅人を殺し、お金をうばった犯人の名前だった。

あ る漁船が漁をすませて帰ろうと思ったが、下ろしたいかりが動かない。漁師たちがかわるがわる引いてみたが、ぐらりともしなかった。そこで、ひとりの漁師がもぐって様子をみにいくと、海のなかのいかりにひとりのおばあさんがすわっていた。漁師が近づくと、おばあさんの白い髪の毛がさかだち、ふりむいたおばあさんはかっと漁師をにらみつけた。おばあさんは、すくんでいる漁師に、「わしをみたと人に語るな。語ればその日から漁はなくなるぞ」と告げ、姿を消した。

　すんなりといかりを上げることができたその漁船は、その後ずっと大漁がつづいた。いっぽう、おばあさんをみた漁師は、このことを人にいいたくてたまらない。そして、とうとう人に話してしまった。それからというもの、その船には魚が1ぴきもかからなくなったという。

ある岬は、海岸がゴツゴツした岩場で、急に深くなっていたため、自殺の名所となっていた。真夜中にこの岬をまわって通る船は、かならず美しい女の人に、
「船にのせてください」
「こちらによっていきませんか」
などと声をかけられたという。そして、その声をきいた船のりは、その日から高熱をだしてねこんでしまう。

この岬がうめたてられると、今度は真夜中にそこを走る車にむかって、美女が手をあげて車にのせてほしいとたのむようになったという。

ある人が、海でおよいでいるときに、足をつかまれて、引きこまれそうになったところで助けられた。助けた人は「ほかに人はいなかった。ひとりでおぼれていた」といったが、おぼれた人の足には、はっきり誰かの手のあとが残っていた。

美男美女の新婚夫婦がいた。ところが、うまれてきた男の子はとてもみにくい顔をしていた。母親は男の子をなるべく人にあわせないようにしていた。あるとき、家族で船にのって旅行に行くことになった。男の子がおしっこをしたいといったので、母親は船の上から海にむかってさせた。そのとき、母親は後ろから男の子を海につきおとしてしまった。

その後しばらくして、母親は赤ちゃんをうんだ。今度はとてもかわいらしい男の子だ。また船で家族旅行に行ったとき、男の子がおしっこをしたいという。船の上からさせていると、男の子がいった。
「お母さん、今度は落とさないでね」

外国の都市伝説（乗りもの編）

車は生活必需品

アメリカやヨーロッパなどの海外では、車が日本以上に生活に欠かせないものとなっている国も多くあります。とくにアメリカは、家からさまざまな店や施設までの距離がかなりあり、車がないとどこへ行くにも苦労するため、大学生のころから自分の車を持っていることも一般的です。そのせいか、車にまつわる都市伝説はたくさんあります。車内で人が死んでいたり、死亡事故をおこしたりした中古高級車が格安で売られている話は、日本のものと似ています（→10〜11ページ）。また、移動手段がないのでのせていってほしいとたのみ、犯罪をおかそうとするヒッチハイカーの話もよくでてきます。

そのほか、日本であまりみられない都市伝説として、麻薬の密輸に関する話があります。特徴的なものをいくつか紹介しましょう。

毛深いヒッチハイカー

女の人が駐車場で自分の車にのりこもうとしたとき、おばあさんに呼びとめられた。最終バスにのりおくれてしまったので、車にのせてくれないかとたのまれたのだ。かわいそうに思い、女の人はのせてあげることにした。

ところが、車にのってふとおばあさんのほうをみると、手やうでがものすごく毛深い。怪しいと思った女の人はおばあさんに、

「まだあまり運転がうまくないんです。一度車からおりて、駐車スペースからうまくでられるように誘導してもらえませんか」

とたのんだ。おばあさんが車からおりると、女の人はおばあさんをおいて走りさった。

家に着くと、車のなかにおばあさんのかばんが残っていた。なかをのぞくと、そこには斧が入っていた。

車のなかの怪しい男

　女の人が駐車場にとめている自分の車へむかって歩いていると、男の人があとをつけてくるのに気づいた。女の人はいそいで車にのりこんで走りだしたが、なんとその男の人も車であとをついてくるのだ。女の人は自分の家をしられるのもこわいと思い、警官をしている自分の兄の家へむかった。

　到着すると、女の人は車からおりずに何回もけたたましくクラクションをならした。何事かとでてきた兄に、女の人は事情を説明し、やはりついてきていた男の人のほうを指さした。兄は男の人の車に近づき、どういうことだとつめよった。

　「おちついてください。わたしは、彼女の車の後ろの席に、怪しい男がひそんでいるとしらせようとしただけなんです」

　女の人の車をのぞきこむと、後ろの席の足もとに、男の人がかくれていた。

動かない赤ちゃん

　ある飛行機の飛行中、客室乗務員が雑誌を持って座席をまわっていると、ふいに飛行機がゆれた。そのとき、客室乗務員が持っていた雑誌が、女の人がだいていた赤ちゃんの上に落ちてしまった。客室乗務員はあわててあやまったが、ふとおかしなことに気づいた。赤ちゃんはねているようだったが、なくどころか、おきることすらなかったのだ。赤ちゃんをだいている女の人も、となりの夫らしい男の人も、

　「ぐっすりねているようだから気にしないで。もうだいじょうぶだから」

　と、しきりに客室乗務員を遠ざけようとする。不審に思った客室乗務員が、到着後に空港職員にそのことを話したため、夫婦は別室につれていかれた。調べてみると、赤ちゃんは人形だった。からだの部分は1回切ってぬいあわされていて、なかには麻薬がつめこまれていたという。

全巻さくいん

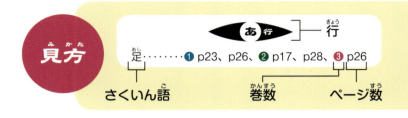

❶ 現代の妖怪と都市伝説
❷ まちなかの都市伝説
❸ 乗りものと都市伝説

あ行

足‥‥‥‥❶ p23、p26、❷ p17、p28、❸ p26
犬‥‥‥‥‥❶ p9、p10、p11、❷ p18、p21
インターネット‥‥‥‥‥‥‥‥‥‥❷ p25
ヴォジャノーイ‥‥‥‥‥‥‥‥‥‥❶ p19
牛女‥‥‥‥‥‥‥‥‥‥‥‥‥‥‥❶ p17
歌川国芳‥‥‥‥‥‥‥‥‥‥‥‥‥❶ p29
海‥‥‥‥‥❶ p18、❷ p16、p27、❸ p16、
　p17、p22、p23、p24、p26、p27
『絵本百物語』‥‥‥‥‥‥‥‥‥‥❶ p29
おでき‥‥‥‥‥‥‥‥‥‥‥‥‥‥❷ p18

か行

蛾‥‥‥‥‥‥‥‥‥‥‥‥‥‥‥‥❷ p21
鏡‥‥‥‥‥❶ p22、❷ p8、p10、p13、p19
火事‥‥‥‥‥‥‥‥‥‥‥‥‥‥‥❷ p11
カシマさん・カシマレイコ‥‥‥‥‥❶ p23
『画図百鬼夜行』‥‥‥‥‥‥‥‥‥❶ p29
金しばり‥‥‥‥‥‥‥‥‥‥‥‥‥❷ p20
かまいたち‥‥‥‥‥‥‥‥‥‥‥‥❶ p26
かまばば‥‥‥‥‥‥‥‥‥‥‥‥‥❶ p25
髪の毛（髪）‥‥‥‥❶ p9、p19、❷ p18、
　❸ p8、p25
河鍋暁斎‥‥‥‥‥‥‥‥‥‥‥‥‥❶ p29
きもだめし‥‥‥‥‥‥‥‥‥‥‥‥❷ p26
『暁斎百鬼画談』‥‥‥‥‥‥‥‥‥❶ p29
件‥‥‥‥‥‥‥‥‥‥‥‥‥‥‥‥❶ p11
口さけ女‥‥‥‥‥‥‥‥‥‥‥❶ p8、p9
首‥‥‥‥‥‥‥‥‥‥❶ p12、❸ p8、p24
首なしライダー‥‥‥‥‥‥‥‥‥‥❶ p12
車‥‥‥‥‥❶ p9、p10、p11、p12、p13、
　p14、p15、p16、p17、p19、p26、❷ p15、
　p17、❸ p8、p10、p11、p12、p13、p14、
　p15、p26、p28、p29
グレムリン‥‥‥‥‥‥‥‥‥‥‥‥❶ p19
けいたいばあさん‥‥‥‥‥‥‥‥‥❶ p25
高速道路‥‥‥‥‥❶ p10、p13、p14、p16
高熱‥‥‥‥‥‥‥‥‥❷ p20、p25、p26
声‥‥‥‥‥❷ p9、p27、❸ p10、p15、p26
コツコツばあさん‥‥‥‥‥‥‥‥‥❶ p13
コピー機‥‥‥‥‥‥‥‥‥‥‥‥‥❷ p24
ゴブリン‥‥‥‥‥‥‥‥‥‥‥‥‥❶ p19

さ行

ざしきわらし‥‥‥‥‥‥‥‥‥‥‥❶ p27
さとるくん‥‥‥‥‥‥‥‥‥‥‥‥❶ p21
三面鏡‥‥‥‥‥‥‥‥‥‥‥‥‥‥❷ p13
三輪車‥‥‥‥‥‥‥‥‥‥‥‥‥‥❸ p15
自転車‥‥‥‥‥‥‥‥‥‥‥‥❸ p8、p13
写真（心霊写真）‥‥‥‥❷ p27、p28、p29
ジャンピングばあさん‥‥‥‥‥‥‥❶ p15
新幹線‥‥‥‥‥‥‥‥‥❶ p9、❸ p18、p19
『新形三十六怪撰』‥‥‥‥‥‥‥‥❶ p29

人面犬・・・・・・・・・・・・・・・・・・・・・・ ❶p10、p11

スキップ少年・・・・・・・・・・・・・・・・・・・・ ❶p17

すきま人間・・・・・・・・・・・・・・・・・・・・・ ❶p26

鈴・・・・・・・・・・・・・・・・・・・・・・・・・・ ❷p20

セイレーン・・・・・・・・・・・・・・・・・・・・・ ❶p18

洗面器・・・・・・・・・・・・・・・・・・・・・・・ ❷p12

『相馬の古内裏』・・・・・・・・・・・・・・・・・・ ❶p29

◆ た 行 ◆

ターボばあさん・・・・・・・・・・・・・・・・・・・ ❶p13

タクシー・・・・・・・・・ ❶p27、❸p8、p9、p11

竹原春泉斎・・・・・・・・・・・・・・・・・・・・・ ❶p29

ダッシュばあさん・・・・・・・・・・・・・・・・・・ ❶p14

田中くん・田中さん・・・・・・・・・・・・・・・・・ ❶p22

小さいおじさん・・・・・・・・・・・・・・・・・・・ ❶p22

月岡芳年・・・・・・・・・・・・・・・・・・・・・・ ❶p29

手・・・❶p23、p26、❷p17、p20、p22、p27、
　　p28、❸p8、p9、p14、p26、p28

手形・・・・・・・・・・・・・・・・・・・・・・・・ ❸p11

電車・・・・・・・❶p25、❸p18、p19、p20、p21

電話（携帯電話）・・・・・・・ ❶p20、p21、p25、
　　❷p15、p25、p27、❸p21

土佐光信・・・・・・・・・・・・・・・・・・・・・・ ❶p28

ドッペルゲンガー・・・・・・・・・・・・・・・・・・ ❷p16

鳥山石燕・・・・・・・・・・・・・・・・・・・・・・ ❶p29

トンネル・・・・・・・❶p12、❸p14、p15、p16、
　　p17、p19

◆ な 行 ◆

荷物運びばあさん・・・・・・・・・・・・・・・・・・ ❶p15

猫・・・・・・・・・・・・・・・・・・・・・ ❷p14、p21

のっぺらぼう・・・・・・・・・・・・・・・・・・・・ ❶p27

◆ は 行 ◆

バイク・・・・・・・・・・・・・・ ❶p12、p17、p22

橋・・・・・・・・・・・・・・・・・・ ❷p22、❸p8

パソコン・・・・・・・・・・・・・・・・・・・・・・ ❷p26

バックミラー・・・・・・・ ❶p12、❸p8、p9、p12

ババサレ・・・・・・・・・・・・・・・・・・・・・・ ❶p24

ピアス・・・・・・・・・・・・・・・・・・・・・・・ ❶p20

飛行機・・・・・・・・・・・・・・・ ❶p19、❸p29

ヒッチハイカー・・・・・・・・・・・・・・・・・・・ ❸p28

『百鬼夜行絵巻』・・・・・・・・・・・・・ ❶p28、p29

100キロばあさん・・・・・・・・・・・・・・・・・・ ❶p14

船・・・❶p18、p19、❸p22、p23、p24、p25、
　　p26、p27

ふみきり・・・・・・・・❶p23、❸p18、p20、p21

フライングダッチマン・・・・・・・・・・・・・・・・ ❶p19

ボイスレコーダー・・・・・・・・・・・・・・・・・・ ❷p26

◆ ま 行 ◆

まど・・・・・・❶p15、p24、p26、❷p10、p21、
　　❸p11

マラソンおじさん・・・・・・・・・・・・・・・・・・ ❶p16

まりつきじいさん・・・・・・・・・・・・・・・・・・ ❶p16

水・・・・・・・・・・・・❶p19、❷p11、p12

水木しげる・・・・・・・・・・・・・・・・・・・・・ ❶p29

耳かじり女・・・・・・・・・・・・・・・・・・・・・ ❶p20

ムラサキカガミ・・・・・・・・・・・・・・・・・・・ ❷p8

目・・・・・・・・・・・・・❶p20、p27、❷p13

メアリー・ワース・・・・・・・・・・・・・・・・・・ ❷p19

メリーさん・・・・・・・・・・・・・・・ ❶p20、p21

◆ や 行 ◆

山・・・・・・❷p23、❸p11、p16、p17、p20

Ｕターンじいさん・・・・・・・・・・・・・・・・・ ❶p16

幽霊（霊）・・・・・・・❶p11、❷p17、p28、❸p9、
　　p14、p15、p16、p19、p22

幽霊船・・・・・・・・・・・・・・・ ❶p19、❸p22

夢・・・・・・・・・・・❶p22、p23、❷p15、❸p23

31

■監修・序文（2〜6ページ）

常光　徹（つねみつ　とおる）

1948年高知県生まれ。國學院大學を卒業後、都内の中学校教員を経て、現在、国立歴史民俗博物館名誉教授。日本民俗学会、日本口承文芸学会会員。著書に『学校の怪談－口承文芸の展開と諸相』『しぐさの民俗学－呪術的世界と心性』（ミネルヴァ書房）、児童書『学校の怪談』シリーズ（講談社）、監修に『みたい！しりたい！しらべたい！　日本の妖怪大図鑑（全3巻）』『みたい！しりたい！しらべたい！　日本の妖怪すがた図鑑（全3巻）』（ミネルヴァ書房）など多数。

■絵

中谷　靖彦（なかや　やすひこ）

1968年富山県生まれ。桑沢デザイン研究所卒業。オランダにてイラストを学び、帰国後にイラストレーターとして創作活動を始める。第25回講談社絵本新人賞受賞。2004年に受賞作『ミーちゃんですゝ！』（講談社）を刊行。絵を担当した作品に『おさるのパティシエ』（小学館）、『おばけぼうやのみずじごくうたうためぐり』（くもん出版）、『わたしたち　うんこ友だち？』（今人舎）、『みたい！しりたい！しらべたい！　日本の神さま絵図鑑②みぢかにいる神さま』（ミネルヴァ書房）など多数。

この本の情報は、2015年9月までに調べたものです。今後変更になる可能性がありますので、ご了承ください。

編集・デザイン	こどもくらぶ（長野絵莉・尾崎朗子）
文（8〜29ページ）	村上奈美
ＤＴＰ	株式会社エヌ・アンド・エス企画

■参考図書

『現代民話考　第一期　Ⅲ偽汽車・船・自動車の笑いと怪談』
著／松谷みよ子　立風書房　1985年
『現代民話考　第一期　Ⅴあの世へ行った話・死の話・生まれかわり』著／松谷みよ子　立風書房　1986年
『現代民話考　第二期　Ⅲラジオ・テレビ局の笑いと怪談』
著／松谷みよ子　立風書房　1987年
『メキシコから来たペット－アメリカの「都市伝説」コレクション』著／ジャン・ハロルド・ブルンヴァン
新宿書房　1991年
『悪魔のほくろ－ヨーロッパの現代伝説』
編／ロルフ・ヴィルヘルム・ブレードニヒ　白水社　1992年
『学校の怪談－口承文芸の展開と諸相』著／常光徹
ミネルヴァ書房　1993年
『ピアスの白い糸－日本の現代伝説』編著／池田香代子ほか
白水社　1994年
『魔女の伝言板－日本の現代伝説』編著／近藤雅樹ほか
白水社　1995年
『走るお婆さん－日本の現代伝説』編著／池田香代子ほか
白水社　1996年
『現代民話考　12写真の怪・文明開化』著／松谷みよ子
立風書房　1996年
『赤ちゃん列車が行く－最新モードの都市伝説』
著／ジャン・ハロルド・ブルンヴァン　新宿書房　1997年
『江戸の妖怪革命』著／香川雅信　河出書房新社　2005年
『軽装版　学校の怪談大事典』
編／日本民話の会学校の怪談編集委員会　ポプラ社　2009年

■写真協力

© MC_PP、© tsuneomp、© fuujin
- Fotolia.com

みたい！しりたい！しらべたい！
日本の都市伝説絵図鑑　③乗りものと都市伝説

2015年11月30日　初版第1刷発行　　　〈検印省略〉

定価はカバーに表示しています

監修者	常光　徹
絵	中谷　靖彦
発行者	杉田　啓三
印刷者	金子　眞吾

発行所　株式会社　ミネルヴァ書房
607-8494 京都市山科区日ノ岡堤谷町1
電話 075-581-5191／振替 01020-0-8076

©常光徹・中谷靖彦・こどもくらぶ, 2015　印刷・製本　凸版印刷株式会社

ISBN978-4-623-07474-7
NDC388／32P／27cm
Printed in Japan

みたい！しりたい！しらべたい！
日本の 都市伝説絵図鑑

全3巻

監修 常光 徹　絵 中谷 靖彦
27cm　32ページ　NDC388
オールカラー

- ❶ 現代の妖怪と都市伝説
- ❷ まちなかの都市伝説
- ❸ 乗りものと都市伝説

「妖怪」「神さま」
「地獄・極楽」「祭り」
シリーズも
おもしろいよ！

**みたい！しりたい！しらべたい！
日本の妖怪大図鑑**
① 家の妖怪
② 山の妖怪
③ 海の妖怪

**みたい！しりたい！しらべたい！
日本の妖怪すがた図鑑**
① 女のすがたをした妖怪
② 男のすがたをした妖怪
③ 動物のすがたをした妖怪

**みたい！しりたい！しらべたい！
日本の神さま絵図鑑**
① 願いをかなえる神さま
② みぢかにいる神さま
③ くらしを守る神さま

**みたい！しりたい！しらべたい！
日本の地獄・極楽なんでも図鑑**
① 死んだらどこにいくの？
② 地獄ってどんなところ？
③ 極楽ってどんなところ？

**みたい！しりたい！しらべたい！
日本の祭り大図鑑**
① 病やわざわいをはらう祭り
② 先祖とともにすごす祭り
③ 豊作・豊漁を願い感謝する祭り
④ 世のなかの平安を祈る祭り

お母さん、今度は落とさないでね

こいつ

こいつじゃない、

こいじゃない

幽

こいつじゃない

いっしゃない

赤い手形

赤

い

手

形

ふしぎな夢

そこはわたしの席ですから、すわら

女の人の声

自転車

トンネル

ひ

う